KB190613

생선 아카데미

인간론 ❻

영광에서 영광으로

프롤로그

　생활 속 선교, 이것은 지난 2000여년간 기독교 공동체가 세상을 향해 꾸준히 던졌던 메시지입니다. 수많은 믿음의 선조들이 하나님을 아는 지식을 바탕으로 자신이 속한 가정과 일터에서 그 믿음을 지키는 삶을 살았습니다. 그들을 통해 가정이 바뀌고 일터 문화가 바뀌고 힘들었던 세상은 더 나은 세상으로 바뀌었습니다.

　하나님은 우리 인간의 모든 영역에 관심을 갖고 계십니다. 생활 선교사는 각자 생활의 영역에서 하나님 사랑, 이웃 사랑을 실천하며 선교적 삶을 살아가는 사람입니다. 생활 선교사가 되기 위해서는 훈련이 필요합니다. 삶의 모든 영역에서 선교사의

역할을 감당하려면 성부, 성자, 성령 하나님은 어떤 분이신지, 우리는 어디로부터 와서 어디로 가는지, 인간의 창조와 타락과 구원의 과정은 어떠한지 이러한 다양한 주제에 대해 정리가 되어 있어야 합니다. 세상은 계속해서 우리를 속이려 하기 때문에 우리는 더욱 배우기를 힘써야 합니다.

> 악한 사람들과 속이는 자들은 더욱 악하여져서 속이기도 하고 속기도 하나니 그러나 너는 배우고 확신한 일에 거하라 너는 네가 누구에게서 배운 것을 알며 또 어려서부터 성경을 알았나니 성경은 능히 너로 하여금 그리스도 예수 안에 있는 믿음으로 말미암아 구원에 이르는 지혜가 있게 하느니라 딤후 3:13~15

생활 선교사를 줄여서 생선이라 표현하고 이분들을 훈련하는 아카데미를 개설했습니다. 온라인 방송은 세계 각 지역의 한인 디아스포라에게 생선 아카데미를 전파할 수 있는 좋은 수단이 되었습니다. 미국, 일본, 중국, 홍콩, 미얀마, 인도, 태국 등 다양한 나라에서 다양한 삶의 환경에 있는 분들과 함께 소통할 수 있었습니다. 이러한 강의 내용을 다듬고 핵심을 정리하여 각각의 주제를 명확하게 이해할 수 있도록 소책자 형식으로 발간했습니다.

『영광에서 영광으로』는 인간론 시리즈 중 여섯 번째로 출간되었습니다. 인간은 승리의 면류관을 얻기 위해 고난의 문을 통과해야 합니다. 그 과정에서 혹독한 인내와 절제의 훈련을 경험하게 됩니다. 이를 통과한 후에야 인간은 비로소 태초에 누렸던 하나님의 영광에서 죄의 어둠을 지나 거듭난 삶의 영광으로 나아가게 됩니다.

생선 아카데미에 발을 들이신 독자 여러분 모두가 성경을 배우고 구원에 이르는 지혜를 깨달아 생활 선교사로서 각자 삶의 영역에서 복음을 전파하시길 소망합니다.

박진석 목사

● 생선 아카데미 3대 목표

1. 하나님의 권능, 지혜, 성품의 도움을 받아 세상 권세를 이긴다.

2. 생활 선교사로서 온전한 사랑과 믿음과 지식을 구비한다.

3. 배우고 깨달은 바를 적용하고 실천해서 삶의 실제적인 열매를

   맺는다.

1장 / 헛된 면류관

썩어질 면류관

사람들은 각자 자신의 분야에서 성공하기를 원합니다. 그래서인지 어린 시절부터 다른 사람과의 경쟁에서 승리하기 위해 죽을힘을 다합니다. 왜 사람들은 이토록 치열하게 서로 싸우고 경쟁하는 것일까요? 하나님의 영광을 잃어버렸기 때문입니다. 그때부터 사람은 헛된 영광을 구하며 살게 되었습니다.

특별히 한국 사회의 모습은 어떻습니까? 한국 사회에서 가정을 꾸리고, 자녀를 낳으면 그때부터 경쟁이 시작됩니다. 자녀가 이 세상에서 뒤처지지 않도록 어린 시절부터 여러 개의 학원을 보냅니다. 조금이라도 재능이 보이면 좋은 것을 모두 시킵니다. 이처럼 우리는 과도한 경쟁 가운데 살아갑니다. 경쟁이 치열한 사회 속에서 서로 헛된 영광을 구합니다. 사람뿐만 아니라 모든 만물이 하나님의 영광을 잃어버린 채 서로의 영광을 구하고 빼앗고 다투며 살아갑니다.

짐승들의 세계도 마찬가지입니다. 하이에나는 하이에나 세계에서 1등이 되기 위해 서로 물고 뜯고 싸웁니다. 수컷 하이에나가 1등이 되면, 옆에 있는 암컷 하이에나가 왕비가 되기 위해 싸웁니다. 이처럼 하이에나는 자신들만의 세계에서 더 높은 서열을 차지하기 위해 살아갑니다. 하이에나뿐만 아닙니다. 사자, 호랑이, 물고기 심지어 꽃들도 세력을 넓게 차지하기 위해 서로 싸우며 살아갑니다.

사람들의 모습은 어떻습니까? 가정과 도시와 나라에서 서로 강한 존재가 되기 위해 앞 다투는 모습을 쉽게 볼 수 있습니다.

심지어 교회와 선교지에서도 마찬가지입니다. 어디서든 사람이 있는 곳에서는 싸움이 일어납니다. 사람들이 싸우는 이유는 간단합니다. 인간의 마음이 부패해져 하나님의 영광에 이르지 못하기 때문입니다. 사람이 하나님의 영광 안에 온전히 있다면 지금처럼 싸우고 다투지 않을 겁니다.

모든 사람이 죄를 범하였으매 하나님의 영광에 이르지 못하더니 롬 3:23

사람은 원래 헛된 영광을 위해 다투는 존재가 아닙니다. 이 모든 일들은 아담의 타락 이후 일어난 일입니다. 아담 이후, 모든 사람들은 하나님의 영광에 이를 수 없는 존재가 되었습니다. 그때부터 우리는 세상의 썩어질 것을 위해 살기 시작했습니다. 원죄로 인해 삶의 방향이 어긋나게 되었고 그 결과 헛된 영광을 구하고 다투는 존재가 되었습니다. 고린도전서 3장 16-17절에 따르면, 하나님의 영광을 나타낼 사람이 더럽혀지면 하나님은 그 사람을 멸하실 수밖에 없다고 말씀합니다.

> 너희는 너희가 하나님의 성전인 것과 하나님의 성령이 너희 안에 계시는 것을 알지 못하느냐 누구든지 하나님의 성전을 더럽히면 하나님이 그 사람을 멸하시리라 하나님의 성전은 거룩하니 너희도 그러하니라
>
> 고전 3:16-17

그리스도인은 하나님의 영광을 나타낼 성전으로 부르심을 받았습니다. 그러나 이 사실을 망각하게 되면 공의로운 하나님의 심판을 받게 됩니다. 하나님은 창조된 모든 피조물이 하나님의 영광에 동참하기를 원하시는 분입니다. 동시에 하나님은 스스로 한 약속을 지키는 공의로운 재판장이기 때문에

반드시 최후의 심판을 감행해야만 합니다.

헛된 영광을 구하며 사는 사람의 끝은 멸망입니다. 야고보는 "욕심이 잉태한즉 죄를 낳고 죄가 장성한즉 사망을 낳느니라"(약 1:15)라고 말합니다. 헛된 영광을 구하는 사람이 욕심을 부리면 죄를 낳게 되고 영광이 아닌 사망과 멸망을 향하게 된다는 의미입니다. 이것이 성경이 말하는 사람의 현실입니다. 사람들은 저마다 썩어질 헛된 영광을 위해 다투는 존재로 살아갑니다. 그리고 그 길을 걸어가는 사람들의 끝에는 멸망이 기다리고 있습니다.

썩지 아니할 면류관

바울은 우리에게 "헛된 영광을 구하여 서로 노엽게 하거나 투기하지 말지니라"(갈 5:25-26)라고 권면한 뒤 하늘의 영원한 영광인 더 좋은 상과 면류관을 위해 달려갈 것을 강력하게 촉구합니다. 바울은 평생 하나님의 영광만을 위해 살았던 사도입니다. 그는 일찍이 하나님의 깊은 영광의 신비를 깨달았습니다. 그는 교회가 왜 고난을 당하는지 의인이 왜 핍박을 받는지를 알았기에 "너희도 상을 받도록 달음질하라"(고전 9:24)고 말합니다. 그러나 바울의 말을 듣는 사람은 많으나 따르는 사람은 적습니다.

> 운동장에서 달음질하는 자들이 다 달릴지라도 오직 상을 받는 사람은 한 사람인 줄을 너희가 알지 못하느냐 고전 9:24

우리는 하나님의 영광을 위해 달음질하라는 바울의 말에 도전을 받지만, 오히려 좌절감을 느낄 수도 있습니다. "한 사람"만 상을 준다고 말하기 때문입니다. 이것을 자칫 오해하면 말 그대로 한 사람만 상을 받는다고 생각할 수 있습니다. 하지만 천국의 올림픽은 각자의 분량에 맞게 상을 준다는 사실을 기억해야 합니다. 하나님은 복음을 위해 최

선을 다해 달려가는 자들에게 각자의 분량에 맞게 상을 주십니다. 우리는 각자에게 맡겨진 은혜의 분량, 믿음의 분량 그리고 십자가 고난의 분량을 따라 상을 받습니다.

그런데 우리의 삶은 어떻습니까? 바울의 고백처럼 달려갈 길을 다 마치고 후회 없이 가나안 땅에 들어가야 하는데 허무한 곳에서 시간을 낭비해 버리지는 않는지요? 천국의 복음을 전하는 삶을 살지 않고 육체의 정욕을 따라 헛된 영광의 자리를 차지하기 위해 서로 다투며 살아가지는 않는지요?

헛된 영광을 구하는 사람들은 썩을 승리자의 관을 얻고자 합니다. 하지만 우리는 "썩지 아니할 것을 얻고자" 이 땅을 살아가는 사람들입니다.

> 그들은 썩을 승리자의 관을 얻고자 하되 우리는 썩지 아니할 것을 얻고자 하노라 고전 9:25

영원한 영광을 위해 달려가는 사람은 "모든 일

에 절제"(고전 9:25)합니다. 절제는 그냥 만들어지지 않습니다. 반드시 훈련을 통해 만들어집니다. 바울이 이야기하고 싶은 점은 바로 이 절제의 훈련입니다. 올림픽에 출전하는 선수들은 피나는 맹훈련을 강행합니다. 바울은 우리에게 올림픽에 출전하는 국가대표처럼 복음을 위해 달음질하라고 권면합니다.

바울의 삶은 어떻습니까? 복음을 전하다 돌멩이에 맞습니다. 피가 흐르고 죽음을 눈앞에 두고도 벌떡 일어납니다. 그리고 다시 복음을 전하러 갑니다. 그는 썩지 아니할 승리자의 관을 위해 평생을 살았습니다. 그리스도인은 하나님 나라의 국가대표입니다. 하나님의 영광을 위해 다투는 선수, 즉 영원한 승리의 면류관을 쓰기 위해 달음질하는 사람이 되어야 합니다.

핵심과 나눔(Key points & Sharing points)

K1. 어디서든 사람이 있는 곳에서는 싸움이 일어납니다. 사람들이 싸우는 이유는 무엇입니까?

_____

_____

K2. 영원한 영광을 위해 달려가는 사람이 가지고 있는 특징은 무엇입니까?

_____

_____

S1. 헛된 영광을 구했던 경험이 있다면 나눠 봅시다.

_____

_____

S2. 영원한 승리의 면류관을 쓰기 위한 훈련에는 어떤 것이 있을지 나눠 봅시다.

_____

_____

_____

2장 / 의의 면류관

그리스도의 영광

하나님이 천지를 창조하셨습니다. 땅은 혼돈하고 공허하며 어둠이 깔려 있었습니다. 이후 하나님은 그 가운데 빛이 있으라고 말씀하십니다. 이 말을 반대로 생각해보면 세상은 완전히 캄캄했음을 알 수 있습니다. 땅이 혼돈하고 공허한 이유는 무엇일까요? 하나님이 처음부터 이렇게 불완전한 세상을 만들어 놓은 것일까요?

그렇지 않습니다.

> 땅이 혼돈하고 공허하며 흑암이 깊음 위에 있고 하나
> 님의 영은 수면 위에 운행하시니라 하나님이 이르시
> 되 빛이 있으라 하시니 빛이 있었고 창 1:2-3

하나님에게는 어둠이 조금도 없습니다. 하나님
은 영광스러운 분입니다. 온 우주는 본래 하나님의
밝은 빛 가운데 있었습니다. 이사야 14장과 에스겔
18장에서 하나님이 이 세상을 만들 때 있었던 일들
을 바벨론 왕과 두로 왕에 비유해 설명하고 있습니
다. 하나님의 천지창조 가운데 어떤 영계의 반란이
있었음을 알 수 있습니다. 영광이 가득했던 우주 가
운데 문제가 생기기 시작한거지요. 문제의 내용들
이 성경 곳곳에서 조금씩 설명됩니다. 하나님의 영
광을 드러낼 위대하고 영광스러운 피조물인 천사장
이 천사들 삼분의 일을 데리고 반란을 일으켰습니
다. 사탄은 스스로 하나님이 되고자 했습니다. 사

탄과 함께 타락한 천사들이 바로 어둠의 신, 사망의 신, 혼란의 신이라고 할 수 있습니다. 이 땅이 혼돈하고 공허하고 흑암이 가득한 이유가 바로 이 때문입니다.

하나님에게는 어둠이 조금도 없습니다. 하나님은 영광스러운 분이기 때문에 죄와 함께 공존할 수 없습니다. 하나님이 이 땅을 내려다보니 사탄이 죄와 사망으로 공중 하늘을 장악했습니다. 그래서 사탄을 공중의 권세 잡은 자라고 하는 것입니다(엡 2:2). 삼위일체 하나님은 이 모든 일들을 지켜보았습니다. 그리고 예수님은 육체를 입고 이 땅에 내려옵니다.

요한복음에 따르면 예수님은 '빛'입니다. 빛이 임하면 자연스레 어둠은 사라집니다. 마찬가지로, 빛이신 예수님이 이 땅 가운데 오니 어둠이 사라지게 되었습니다. 창세기 1장 2절은 세상이 어둠으로 가득하다고 말합니다. 그때 하나님이 "빛이 있으라"라고 말씀하셨고 그 후 빛과 어둠이 구분 되기 시작하였습니다. 영원한 생명의 빛이 사망의 어둠으로부터 거룩하게 구별되었던 것입니다.

> 이는 만물이 주에게서 나오고 주로 말미암고 주에게로 돌아감이라 그에게 영광이 세세에 있을지어다 아멘 **롬 11:36**

로마서 11장 36절은 그리스도 안에 있는 새 창조의 신비를 가르쳐줍니다. 만물이 주에게서 나오고, 그에게로 돌아간다고 말씀합니다. 그리고 영광이 그리스도에게 시간과 공간을 초월하여 무궁히 있을 것이라고 말씀합니다. 이 사실을 바울은 일찍이 깨달았습니다. 이 땅은 죄와 사망의 어둠에 처했지만 예수님을 통해 영광의 빛이 드러나기 시작합니다. 이 영광의 빛은 창조의 때부터 지금까지 이어집니다.

하나님의 영광은 아브라함을 통해, 모세를 통해 여호수아와 다윗, 솔로몬을 통해 계속해서 드러났습니다. 솔로몬 때 지어졌던 성전은 비록 무너졌지만 예수님을 통해 성도는 각자 성전으로 세워져 가고 있습니다. 그 안에 담긴 하나님의 영광이 모습을 드러냅니다. 창조 때부터 오늘날에 이르기까지 하나님의 영광은 여전합니다. 만물은 하나님으로부터 시작되었고 하나님에게 다시 돌아가고 있습니다. 마침내 모든 피조물은 하나님의 영원한 생명의 빛 앞에 도달하게 될 것입니다. 예수님이 비춰 주신 영광의 빛이 바로 이것입니다.

우리는 하나님에게서 와서 하나님에게 돌아가는 중입니다. 이것이 영광에서 영광으로 향하는 우리의 삶의 방향입니다. 그리스도인은 헛된 영광을 향해 걸어가는 사람들이 아닙니다. 영원히 빛날 생명을 위해 달려가는 사람들입니다. 그렇기 때문에 기쁨으로 현재의 고난을 이겨냅니다. 현재의 고난은 장차 우리에게 나타날 영원한 영광과 족히 비교될 수 없습니다.

썩어 없어질 것에 종이 되어서는 안됩니다. 우

리에게는 영원한 영광이 기다리고 있습니다. 이 영광을 바라보는 사람이야말로 복음을 위해 절제하고 달음질하며 순종함으로 자신을 훈련합니다. 이 진리를 알지 못하면 영적으로 성장할 수 없습니다. 신앙생활을 아무리 오래해도 평생 갓난아이의 신앙에 머무르게 되는 것입니다.

그리스도의 좋은 병사

바울이 감옥에 투옥되어 순교하기 직전에 믿음의 영적 아들 디모데에게 했던 말은 다른 것이 아닙니다. 그리스도의 좋은 병사로 함께 고난을 받으라는 말입니다.

> 너는 그리스도 예수의 좋은 병사로 나와 함께 고난을 받으라 딤후 2:3

육신의 영광을 위해 살지 말고, 하나님 말씀을 따라 영원한 영광의 복음을 위해 살라고 합니다. 그리고 자신과 함께 고난을 받으라고 권합니다. 바울은 헛된 영광을 위해 살라고 말하지 않습니다. 이 세상의 부귀영화를 위해 시간을 쓰라고 말하지도 않습니다. 오직 영광의 복음만을 위해 함께 고난을 받자고 말합니다.

빛이신 예수님을 알지 못하면, 복음을 위해 함께 고난을 받자는 말씀이 들리지 않습니다. 마음이 어두운 사람은 영원한 하늘의 영광을 바라볼 능력이 없습니다. 지혜와 계시의 성령으로 어두운 마음이 밝혀진 사람만이 하늘의 영광을 바라볼 수 있습니다. 말씀과 성령으로 영적인 눈, 마음의 눈이 뜨인 사람만이 헛된 영광을 풀의 꽃처럼 여깁니다. 비로소 하늘의 영광을 위해 가장 귀한 자신의 목숨조차도 버릴 수 있는 수준에 이르게 됩니다. 만왕의 왕이신 하나님을 위해 죽을 수 있는 그리스도의 충성스러운 병사가 됩니다.

앞으로 세상에는 여러 거짓 증인, 거짓 선지자, 거짓 선생, 거짓 사도가 더 많이 등장할 것입니다. 그들은 십자가에서 죽임을 당하고 부활하신 예수 그리스도가 만물의 주관자라는 사실을 왜곡시킵니다. 또한 사람들이 그리스도에 관한 이야기를 이 세상 헛된 영광의 차원으로 받아들이도록 미혹합니다.

물론 예수님을 믿으면 병이 낫습니다. 육신적인 축복을 받고 행복할 수 있습니다. 성장하고 부흥할 수 있습니다. 그러나 그것은 영원한 생명의 복의 부산물임을 기억해야 합니다. 거기에 계속 집착하고 머무르면 안 됩니다. 그리스도의 좋은 병사가 되기까지 모진 고생을 감내하며 영원한 영광을 향해 기쁨으로 전진해야 합니다.

풀은 마르고 꽃은 시듭니다. 오로지 하나님의 말씀만 영원히 설 것입니다(사 40:8). 풀과 꽃처럼 사라지는 육신의 영광을 위해 사는 사람은 미련한 사람입니다. 헛된 영광을 구하며 사는 사람은 그리스도의 좋은 병사가 아닙니다. 그리스도의 좋은 병사는 장차 나타날 영광을 위해 하나님 말씀을 따라 살아갑니다. 현재의 고난은 장차 나타날 영광과 감히 비교할 수 없습니다. 만물이 그리스도 안에서 영원히 빛날 때 우리도 그곳에 참여해 함께 기뻐할 수 있길 바랍니다.

생각하건대 현재의 고난은 장차 우리에게 나타날 영광과 비교할 수 없도다 롬 8:18

바울은 디모데에게 함께 고난만 받을 것을 말하지 않습니다. 고난 이후에 예비된 "의의 면류관"이 기다리고 있음을 말합니다. 선한 싸움을 싸우고 달려갈 길을 마치고 믿음을 지킨 그리스도인에게는 의의 면류관이 예비되었음을 기억해야 합니다.

나는 선한 싸움을 싸우고 나의 달려갈 길을 마치고 믿음을 지켰으니 이제 후로는 나를 위하여 의의 면류관

이 예비되었으므로 딤후 4:7

비엔나에 루돌프라는 음악가가 있었습니다. 그는 교향곡을 작곡해서 제일 먼저 친구들에게 들려주었습니다. 친구들은 그에게 극찬을 아끼지 않았습니다. 하지만 루돌프의 마음에는 큰 만족이 없었습니다. 다시 수십 번을 수정하면서 연주회를 준비했습니다. 드디어 연주회 날이 되었습니다.

청중들은 그의 곡을 통해 큰 감동을 받고 환호와 박수를 보냈습니다. 그럼에도 루돌프는 대기실에 앉아 초조하게 누군가를 기다리고 있었습니다. 잠시 후 그의 스승이 찾아와 말했습니다. "좋아, 잘했어, 아주 훌륭해." 그제서야 루돌프는 환하게 웃으며 기뻐했습니다.

우리는 누구의 칭찬을 바라고 기다려야 할까요?

핵심과 나눔(Key points & Sharing points)

K1. 이 땅이 혼돈하고 공허하고 흑암이 가득한 이유가 무엇인지 본문
에서 찾아봅시다.

K2. 선한 싸움을 싸우고 달려갈 길을 마치고 믿음을 지킨 그리스도인
에게는 무엇이 예비되어 있습니까?

S1. 현재의 고난을 장차 올 영광을 바라보며 기쁨으로 이겨낸 경험이
있다면 나눠 봅시다.

S2. 현재 나는 누구의 칭찬을 가장 바라고 기다리고 있는지 나눠 봅시다.

3장 / 고난의 면류관

그리스도의 남은 고난

예수님은 야고보와 요한에게 "내가 마시는 잔을 마실 수 있겠느냐?"라고 질문했던 적이 있습니다 (막 10:38). 그리고 예수님은 십자가에서 죽음을 맞이합니다. 야고보와 요한은 그제서야 예수님이 말씀하셨던 "잔"이 고난의 잔이며, 순교의 잔, 피의 잔임을 깨닫게 됩니다. 이후 그들은 예수님처럼 순교의 길을 걷게 됩니다. 예수님이 마신 고난의 잔을 함께 마십니다. 이처럼 그리스도인은 예수님이 마셨던 고난의 잔을 함께 마시는 사람들입니다. 그리고 예수님이 걸어가셨던 고난의 길을 따라가는 사람들입니다.

하늘의 영광을 깨달은 사람은 고난의 길을 걸어갑니다. 죄인들이 헛된 영광을 구하며 죽기까지 다투는 것처럼 의인들은 하늘의 영광을 위해 온 힘을 다합니다. 사도 바울처럼 복음을 위해 온 생명을 바칩니다. 말이 아니라 삶으로 그리스도의 복음을 위해 살아갑니다. 만약 여전히 헛된 영광을 구하며 고난의 길을 피하기만 한다면 지식적으로만 그리스도를 깨달은 것일 수도 있습니다. 학생 복음 운동의 조상으로 알려진 C. T. 스터드 선교사는 영국의 '캠브리지 세븐' 중 한 사람으로 46년간 중국, 인도, 중앙 아프리카에서 복음의 길을 개척했습니다. 그는 이렇게 말했습니다. "예수 그리스도가 하나님이고 나를 위해 죽으셨다면, 내가 그분을 위해 치르지 못할 희생이란 없다."

그리스도의 영광을 깨달은 사람은 머리가 아닌

심장으로 반응합니다. 그리고 하늘의 영광을 위해 온몸으로 고난을 받습니다. 이런 점에서 우리는 세상의 헛된 영광에 주목하게 만드는 것을 단호히 거부할 줄 알아야 합니다. 오늘날에는 거짓 선지자, 거짓 교사가 많습니다. 삯꾼, 엉터리 목자도 많습니다. 행함이 없이 입으로만 가르치는 일만 스승이 넘쳐납니다.

진정 그리스도의 고난에 참여하는 사람이 우리 주위에 얼마나 될까요? 진실로 신앙의 장성한 분량에 이른 영적 아비들은 얼마나 될까요? 신앙이 성숙한 사람은 항상 기도 가운데 기뻐하고 감사하며 여러가지 시험을 이겨냅니다. 영적인 자녀들을 양육하는 일에 완전히 헌신하게 되어 있습니다. 하나님 아버지와 신랑 예수님의 영원한 기업을 항상 가슴에 품고 살아갑니다.

그리스도는 아버지의 뜻대로 고난의 잔을 마셨습니다. 십자가에서 죽음을 받아들입니다. 그리고 모든 이름 위에 뛰어난 분으로 다시 부활합니다.

비록 지금 당장에는 고난의 면류관처럼 보일지 몰라도 고난의 면류관은 장차 영원한 영광의 면류관으로 바뀝니다. "No pain, No gain"이란 말이 있듯이 고난의 면류관 없이 영광의 면류관도 없습니다. 십자가의 죽음 없이 영광의 부활은 없습니다. 십자가의 죽음이 있었기 때문에 영원한 부활도 존재하는 것입니다.

> 나는 이제 너희를 위하여 받는 괴로움을 기뻐하고 그리스도의 남은 고난을 그의 몸된 교회를 위하여 내 육체에 채우노라 골 1:24

바울은 "너희를 위하여 받는 괴로움"을 기뻐합니다. 그리고 그리스도의 남은 고난을 친히 자신의 육체에 채웁니다. 바울은 일찍이 그리스도의 고난에 담긴 신비를 깨달았던 사람입니다. 그는 장차얻을 영광을 알고 고난의 길을 따라갔습니다. 그리스도의 남은 고난 안에 영원히 빛날 영광이 숨어 있다는 사실을 알았습니다. 요한계시록에 보면 세상을 이긴 자들의 노래가 등장합니다. 그들은 세상의 임금, 사탄의 올무에서 벗어나 어린 양 예수의 노래를 부르며 영광을 찬송합니다. 성경은 그리스도의 남은 고난을 받은 사람들의 미래를 약속하고 있습니다. 그러기에 현재의 고난, 현재의 괴로움을 기뻐할 수 있는 것입니다. 누가 세상의 고난과 괴로움 앞에 즐거워할 수 있겠습니까? 언제나 새 하늘과 새 땅, 새 예루살렘을 꿈꾸는 사람이야말로 고난 앞에 서도 즐거워할 수 있습니다.

영광의 면류관

다니엘서는 많은 사람을 옳은 곳으로 이끈 자들이 별과 같이 영원히 빛날 것이라고 말씀합니다.

지혜 있는 자는 궁창의 빛과 같이 빛날 것이요 많은

사람을 옳은 데로 돌아오게 한 자는 별과 같이 영원토
록 빛나리라 단 12:3

고린도전서 15장에는 해의 영광, 달의 영광, 별
의 영광이 다 다르다고 말씀합니다(41절). 죽은 자
의 부활도 마찬가지입니다. 바울처럼 "그리스도의
남은 고난을 그의 몸된 교회를 위하여 내 육체에
채우는 사람", "너희를 위하여 받는 괴로움을 기뻐
하는 사람"은 하늘의 별과 같이 영원히 빛날 것입
니다.

해의 영광이 다르고 달의 영광이 다르며 별의 영광도
다른데 별과 별의 영광이 다르도다 죽은 자의 부활도
그와 같으니 썩을 것으로 심고 썩지 아니할 것으로 다
시 살아나며 고전 15:41-42

우리는 지금 당장 눈앞에 보이는 고난 때문에
영원히 빛나는 면류관을 놓치지 말아야 합니다. 고

난의 면류관처럼 보이는 그 면류관이 바로 영광의 면류관이기 때문입니다. 요한계시록 21-22장에서 새 예루살렘을 향해 가는 사람들을 영원한 빛 가운데로 나아가는 모습으로 묘사하고 있습니다. 이들은 만국의 영광과 존귀를 가지고 거룩한 성인 새 예루살렘으로 들어갑니다.

하지만 극단적으로 하늘의 영광만을 구하는 것은 지양해야 합니다. 때때로 세상의 헛된 영광도 필요합니다. 예수님이 이 땅에서 30년 동안 지혜롭게 살았던 것처럼 우리도 이 땅에서의 삶을 지혜롭게 살아야 합니다. 예수님은 가족들을 잘 돌보았습니다. 성경은 예수님에 대해 이렇게 이야기합니다.

> 그 부모가 그가 하신 말씀을 깨닫지 못하더라 예수께서 함께 내려가사 나사렛에 이르러 순종하여 받드시더라 그 어머니는 이 모든 말을 마음에 두니라 예수는 지혜와 키가 자라가며 하나님과 사람에게 더욱 사랑스러워 가시더라 눅 2:50-52

이처럼 우리도 가정, 직장, 교회, 민족, 열방을 지혜롭게 섬겨야 합니다. 하늘의 영광과 이 땅의 헛된 영광 사이에서 균형을 잘 잡아야 합니다. 사람마다 믿음의 분수와 시험의 수준이 다릅니다. 인생의 시험과 고난은 적어도 100년 안에 끝납니다. 육체를 가지고 사는 동안 이 땅의 축복과 영광을 감사함으로 누리며, 동시에 하늘 영광의 고생도 낙으로 여기게 되면 세상이 감당하지 못하는 사람이 됩니다.

내가 너희에게 이른 말은 영이요 생명이라 요 6:36

예수님은 우리를 영적으로 날마다 새롭게 합니다. 예수님이 우리에게 이른 말은 영이요 생명입니다. 예수님의 말씀은 지혜와 깨달음을 줍니다. 그리고 사랑과 기쁨, 평강의 영으로 우리를 새롭게 소생케 합니다. 우리가 낙심되고 힘들고 눈물날 때 예수님의 영은 우리를 영적으로 날마다 새롭게 합니다. 사람들이 보기에 전혀 웃음이 나올 수 없는 고난의 길을 걸어갈 때도 새롭게 하는 예수님의 말씀은 우리를 굳건히 걸어가도록 새 힘을 줍니다.

> 하나님의 종 모세의 노래, 어린 양의 노래를 불러 이르되 주 하나님 곧 전능하신 이시여 하시는 일이 크고 놀라우시도다 계 15:3

요한계시록 15장 3절의 찬양은 세상의 시험을 이긴 자들이 부르는 노래입니다. 특별히 어린 양의 노래는 모세의 노래보다 더 큰 영광의 노래입니다. 자기 십자가의 길을 걸어가는 성도는 죽임 당하신 어린 양의 노래를 부르며 세상을 이길 수 있습니다. 하나님은 우리가 그리스도 안에서 영원한 영광의 면류관을 얻기 원하십니다. 말씀을 지킨 우리는 약속대로 "그리스도 안에서 그의 영광의 찬송"(엡 1:12)이 될 것입니다. 또한 우리는 그리스도 안에서 "그의 영광을 찬송하게"(엡 1:14) 될 것입니다. 날마

다 주님을 찬양하고 또한 그리스도 안에서 찬송 그
자체가 되시기를 간절히 축복합니다.

이는 우리가 그리스도 안에서 전부터 바라던 그의 영
광의 찬송이 되게 하려 하심이라 그 안에서 너희도 진
리의 말씀 곧 너희의 구원의 복음을 듣고 그 안에서
또한 믿어 약속의 성령으로 인치심을 받았으니 이는
우리 기업의 보증이 되사 그 얻으신 것을 속량하시고
그의 영광을 찬송하게 하려 하심이라 엡 1:12–14

핵심과 나눔(Key points & Sharing points)

K1. 그리스도의 영광을 깨달은 사람은 어떤 특징을 가지고 있습니까?

_____

_____

_____

K2. 예수님의 영은 우리의 삶 속에 어떤 영향을 미칩니까?

_____

_____

S1. 어려운 상황 속에서 하나님의 말씀이 힘이 된 경험이 있다면 나눠

봅시다.

_____

_____

_____

S2. 최근에 많이 부르거나 듣는 찬송이 있다면 나누고 함께 불러 봅시다.

_____

_____

_____

_____

_____

Memo

Memo

Memo

Memo

생선 아카데미 / 인간론 ❻

영광에서 영광으로

2022년 10월 28일 초판 발행

지 은 이 | 박진석

펴 낸 이 | 김수홍
편   집 | 유동운, 정원희
디 자 인 | 사라박
펴 낸 곳 | 도서출판 하영인
등   록 | 제504-2019-000001호
주   소 | 포항시 북구 삼흥로411
전   화 | 054) 270-1018
블 로 그 | https://blog.naver.com/navhayoungin
이 메 일 | hayoungin814@gmail.com
인스타그램 | https://www.instagram.com/hayoungin7

ISBN 979-11-92254-03-6 (03230)
값 4,900원

＊ 도서출판 하영인은 복음이 전해지지 않은 곳에 신앙에 유익한 도서를
   보급하는 데 앞장섭니다. 해외 문서 선교에 뜻이 있는 분들의 참여를
   기다립니다.
   후원 _ 국민은행 821701-01-597990 도서출판 하영인